Collection folio cad

Pour Clover et Luke

Supplément réalisé avec la collaboration de
Dominique Boutel, Nadia Jarry
et Anne Panzani

traduit de l'anglais par Henri Robillot

ISBN : 2-07-031232-1
Titre original : Esio trot
Publié par Jonathan Cape Ltd, Londres

Numéro d'édition : 56215
1er dépôt légal : septembre 1990
Dépôt légal : juin 1992
Imprimé en Italie par La Editoriale Libraria

ROALD DAHL

Un amour de tortue

ILLUSTRÉ PAR QUENTIN BLAKE

GALLIMARD

Note de l'auteur

Il y a quelques années, quand mes enfants étaient encore petits, nous avions en général une ou deux tortues dans le jardin. A l'époque, il était courant de voir des tortues apprivoisées aller et venir sur les pelouses ou parmi les massifs autour des maisons. On pouvait en acquérir à bas prix dans n'importe quelle boutique d'animaux et, sans doute, ces créatures représentaient-elles la plus discrète et la plus inoffensive des distractions enfantines.

Les tortues arrivaient en Angleterre par milliers, enfermées dans des caisses et presque toujours en provenance d'Afrique du Nord. Mais, il y a quelques années, fut votée une loi qui déclarait illégale l'importation des tortues dans notre pays. Le but de cette loi n'était pas de nous protéger : les tortues ne présentaient de danger pour personne ; elle ne visait qu'à protéger l'animal lui-même. Songez que les trafiquants qui les expédiaient les entassaient par centaines dans des caisses sans eau ni nourriture et dans des conditions si horribles que beaucoup d'entre elles mouraient pendant le voyage. Alors, plutôt que de laisser se maintenir ces cruelles pratiques, le gouvernement anglais a décidé d'y mettre un terme.

L'histoire que vous allez lire se passe donc en Angleterre au temps où tout le monde pouvait acheter, dans la première boutique d'animaux venue, une gentille petite tortue.

M. Hoppy habitait un petit appartement, situé tout en haut d'un grand immeuble de béton. Il vivait seul. Il avait toujours été un homme solitaire, et maintenant qu'il avait pris sa retraite, il était plus seul que jamais.

M. Hoppy avait deux passions dans la vie. La première, pour les fleurs qu'il cultivait sur son balcon. Elles y poussaient dans des pots, des bacs et des paniers ; l'été, sa petite terrasse éclatait de mille couleurs.

La seconde passion de M. Hoppy était un secret qu'il gardait au plus profond de son cœur.

Le balcon qui se trouvait à l'étage inférieur était plus large que celui de M. Hoppy, si bien que celui-ci se trouvait aux premières loges pour voir ce qui s'y passait. Ce balcon était celui d'une charmante femme entre deux âges, du nom de Mme Silver ; elle était veuve et vivait seule, elle aussi. Elle ne le savait pas, bien sûr, mais c'était elle l'objet de l'amour secret de M. Hoppy. Il l'aimait depuis de longues années déjà, du haut de son balcon, mais c'était un homme très timide et jamais il n'avait pu se décider à lui donner le moindre témoignage de sa flamme.

Tous les matins, M. Hoppy et Mme Silver échangeaient des propos courtois, l'un penché vers le bas, l'autre le nez en l'air ; mais jamais ils n'étaient allés plus loin. La distance entre leurs balcons ne dépassait pas quelques mètres, mais un million de kilomètres n'auraient pas paru plus infranchissables à M. Hoppy. Il mourait d'envie d'inviter Mme Silver à monter prendre une tasse de thé avec des petits gâteaux, mais, chaque fois que les mots commençaient à se former sur ses lèvres, son courage l'abandonnait. Il était vraiment très, très timide.

"Oh ! si seulement !" ne cessait-il de se répéter. Si seulement il pouvait faire quelque chose d'extraordinaire : lui sauver la vie, par exemple, ou l'arracher à une bande de malfaiteurs armés ! Si seulement il pouvait accomplir une action d'éclat, qui ferait de lui un héros aux yeux de Mme Silver ! Si seulement...

Le problème, c'était que toute la tendresse de Mme Silver allait à quelqu'un d'autre. Et ce quelqu'un était une petite tortue du nom d'Alfred. Chaque jour, lorsque M. Hoppy penché à son balcon voyait Mme Silver murmurer des mots tendres à Alfred tout en lui caressant la carapace, il se sentait pris d'une absurde jalousie. Il en venait même à rêver de devenir lui-même tortue pour que Mme Silver caresse sa carapace chaque matin en lui murmurant des mots tendres...

Alfred tenait compagnie à Mme Silver depuis des années et vivait sur son balcon été comme hiver. Des planches avaient été disposées le long de la balustrade pour l'empêcher de basculer dans le vide et, dans un coin, il y avait une petite maison où Alfred rentrait tous les soirs se mettre à l'abri. Aux premiers froids, Mme Silver garnissait la maison d'Alfred de

foin sec et odorant ; la tortue s'y creusait un nid et s'endormait pour de longs mois sans manger ni boire : elle hibernait.

Au début du printemps, lorsque Alfred sentait les premières chaleurs à travers sa carapace, se réveillait et sortait lentement sur le balcon, Mme Silver, ravie, battait des mains et s'écriait :

– Sois le bienvenu, mon chéri ! Si tu savais comme tu m'as manqué !

C'est dans ces moments-là que M. Hoppy désirait plus que jamais être à la place d'Alfred et rêvait de devenir tortue.

Mais venons-en à cette belle matinée de mai où survint cet événement qui transforma, ou plutôt bouleversa, la vie de M. Hoppy. Accoudé à son balcon, il regardait Mme Silver donner son petit déjeuner à Alfred :

– Voici un cœur de laitue pour toi, mon trésor, disait-elle. Et voilà encore une tranche de tomate bien mûre et une branche de céleri tout croquant.

– Bonjour, madame Silver, dit M. Hoppy. Alfred a l'air en pleine forme, ce matin.

– N'est-ce pas ! s'exclama-t-elle, rayonnante, les yeux levés vers lui. Il est superbe !

– Ab-so-lu-ment superbe, dit M. Hoppy qui n'en pensait pas un mot.

Puis, considérant au-dessous de lui Mme Silver qui lui souriait, il s'émerveilla pour la millième fois de la trouver aussi séduisante, aussi douce, aussi pleine de tendresse, et il sentit son cœur déborder d'amour.

– Si seulement il pouvait grossir un peu plus vite, reprit Mme Silver. Tous les printemps, quand il se réveille de son sommeil hivernal, je le pèse sur la balance de la cuisine. Et savez-vous qu'en onze ans il n'a pas pris plus de soixante-quinze grammes ! Autant dire presque *rien* !

– Combien pèse-t-il maintenant ? demanda M. Hoppy.

– Trois cent vingt-cinq grammes, pas plus, répondit Mme Silver. A peu près le poids d'un pamplemousse.

– Vous savez, la croissance des tortues est très lente, fit observer M. Hoppy d'un ton solennel, mais elles peuvent vivre cent ans.

– Je sais, dit Mme Silver, mais j'aimerais bien qu'il grossisse, juste un petit peu. C'est une si petite bête.

– Il m'a l'air très bien comme ça, remarqua M. Hoppy.

– Non ! il n'est *pas bien* comme ça ! s'écria Mme Silver. Songez comme il doit être malheureux de se sentir si chétif ! Tout le monde a envie de grandir.

– Vous seriez vraiment contente de le voir grossir, n'est-ce pas ? dit M. Hoppy.

Au même instant, un déclic se fit dans sa tête et une idée de génie lui vint soudainement à l'esprit.

– Bien sûr ! Vous pensez ! s'exclama Mme Silver. Je donnerais n'importe quoi pour ça ! Savez-vous que j'ai vu des photos de tortues géantes, si grosses que l'on peut monter dessus à califourchon ! Si Alfred les voyait, il en deviendrait vert de jalousie !

Le cerveau de M. Hoppy tournait à plein régime. Pas de doute, la chance de sa vie était à sa portée. "Saisis-la, s'exhorta-t-il. Saisis-la, *maintenant* !"

– Madame Silver, dit-il, il se trouve que je sais comment accélérer la croissance des tortues, si c'est ce que vous voulez vraiment.

– C'est vrai ? s'écria-t-elle. Oh ! je vous en prie, dites-le-moi ! Est-ce que je le nourris mal ?

– J'ai travaillé autrefois en Afrique du Nord, reprit M. Hoppy. C'est de là que viennent toutes les tortues d'Angleterre, et j'y ai rencontré un bédouin qui m'a révélé son secret.

– Dites-le-moi ! cria Mme Silver. Dites-le-moi, je vous en supplie, monsieur Hoppy. Je serai votre esclave pour la vie !

Lorsqu'il entendit les mots *votre esclave pour la vie,* M. Hoppy se sentit parcouru d'un frisson d'excitation.

– Attendez un petit instant, dit-il. Je dois aller mettre quelque chose par écrit pour vous.

Deux minutes plus tard, M. Hoppy était de retour sur le balcon, une feuille de papier à la main.

– Je vais vous le descendre au bout d'une ficelle, dit-il, sinon il risquerait de s'envoler. Tenez, le voilà.

Mme Silver prit le papier et l'éleva à hauteur de ses yeux. Voici ce qu'elle lut :

EUTROT, EUTROT
SISSORG ED SULP NE SULP !
EUTROT, EUTROT
SIDNARG, ELFNOG, ELFNE !
ELAVA, SITUOLGNE, ERFFUOGNE !
IOT-ERFFIPME TE IOT-ERFNIOG
SNEIVED ESSORG TE ESSARG !
EUTROT ! EUTROT !

– Qu'est-ce que ça veut dire ? demanda-t-elle. Quel est ce langage mystérieux ?

– C'est la langue des tortues, répondit M. Hoppy. Les tortues sont des créatures qui ont facilement la tête à l'envers. Elles ne peuvent donc comprendre que les mots écrits à l'envers. Ça tombe sous le sens, non ?

– Peut-être, oui, dit Mme Silver, sidérée.

– Eutrot, c'est simplement tortue écrit à l'envers, dit M. Hoppy. Regardez.

– En effet, dit Mme Silver.

– Les autres mots sont aussi écrits à l'envers, dit M. Hoppy. Si vous les retournez, en langage humain, ils disent tout bonnement :

TORTUE, TORTUE
GROSSIS DE PLUS EN PLUS !
TORTUE, TORTUE
GRANDIS, GONFLE, ENFLE !
AVALE, ENGLOUTIS, ENGOUFFRE !
EMPIFFRE-TOI ET GOINFRE-TOI
DEVIENS GROSSE ET GRASSE !
TORTUE ! TORTUE !

Mme Silver examina de plus près les mots magiques.

– Ma foi, vous avez raison, dit-elle. Comme c'est astucieux. J'en suis toute retournée.

– Tout comme les mots ! Je n'en suis pas surpris, dit M. Hoppy. Maintenant, tout ce que vous avez à faire, madame Silver, c'est tenir Alfred près de votre visage et lui murmurer ces mots trois fois par jour, matin, midi et soir. Allez-y, que je vous entende les réciter.

Très lentement, butant parfois sur ces étranges assemblages de syllabes, Mme Silver lut en entier le message écrit en parler de tortue.

– Pas mal ! dit M. Hoppy. Mais tâchez d'y mettre un peu plus de sentiment quand vous le répéterez à Alfred. Si vous y arrivez, je vous parie n'importe quoi que, dans quelques mois, sa taille aura doublé.

– Je vais essayer, assura Mme Silver. J'essaierais n'importe quoi. Je ferai de mon mieux ; mais je ne crois pas que ça marchera.

– Attendez et vous verrez, dit M. Hoppy en lui souriant.

M. Hoppy rentra dans son appartement, tout vibrant d'espoir. "Votre esclave pour la vie ", ne cessait-il de se répéter. Quelle béatitude !

Mais il y avait beaucoup à faire avant que ce miracle s'accomplît.

Le petit salon de M. Hoppy était sommairement meublé d'une table et de deux chaises. Il les transporta dans sa chambre, puis il sortit acheter une grande bâche de toile épaisse qu'il étala dans son salon pour protéger le tapis.

Ensuite, il ouvrit son annuaire téléphonique et nota l'adresse de tous les marchands d'animaux de la ville. Il y en avait en tout quatorze.

Il lui fallut deux jours pour faire le tour des boutiques. Il voulait au moins une centaine de tortues, peut-être plus. Et il devait les choisir avec le plus grand soin.

Pour vous et moi, toutes les tortues se ressemblent, ou peu s'en faut. Elles ne diffèrent que par la taille ou la couleur de la carapace. Celle d'Alfred était plutôt sombre et M. Hoppy veilla donc à n'acheter, pour sa vaste collection, que des tortues de teinte foncée. Ce qui importait avant tout, bien sûr, c'était la taille.

M. Hoppy en choisit de toutes les dimensions, les unes pesant à peine plus que les trois cent vingt-cinq grammes d'Alfred, d'autres nettement plus, mais surtout, aucune au-dessous de ce poids.

– Donnez-leur des feuilles de chou, lui dirent tous les marchands, elles n'ont besoin de rien d'autre, et une soucoupe d'eau fraîche.

Quand il eut terminé ses achats, M. Hoppy, dans son enthousiasme, se trouva à la tête de cent quarante tortues, pas moins, qu'il rapporta à la maison dans des paniers, à dix ou quinze par voyage. Il dut faire tant d'aller et retour qu'il se retrouva, à la fin, complètement épuisé ; mais le jeu en valait la chandelle. Et comment ! Quel surprenant spectacle offrait maintenant son salon ! Le sol grouillait de tortues de toutes tailles, certaines explorant

avec lenteur leur nouveau territoire, d'autres mâchonnant des feuilles de chou, d'autres encore buvant dans une large écuelle plate. Leurs déplacements sur la bâche de toile ne produisaient qu'un léger bruissement continu. Chaque fois qu'il voulait traverser le salon, M. Hoppy devait se frayer précautionneusement un chemin, sur la pointe des pieds, au milieu de cette mer de carapaces brunâtres. Mais peu importait. Il devait aller au bout de son projet.

Avant de prendre sa retraite, M. Hoppy était mécanicien dans un garage d'autobus. Il se rendit donc à son ancien atelier et demanda à ses camarades mécanos s'il pouvait utiliser son vieil établi une heure ou deux. Il lui fallait maintenant inventer un instrument capable d'atteindre le balcon de Mme Silver depuis le sien, et d'y pêcher une tortue. Pour un professionnel comme M. Hoppy, la tâche ne présentait pas de grandes difficultés. Tout

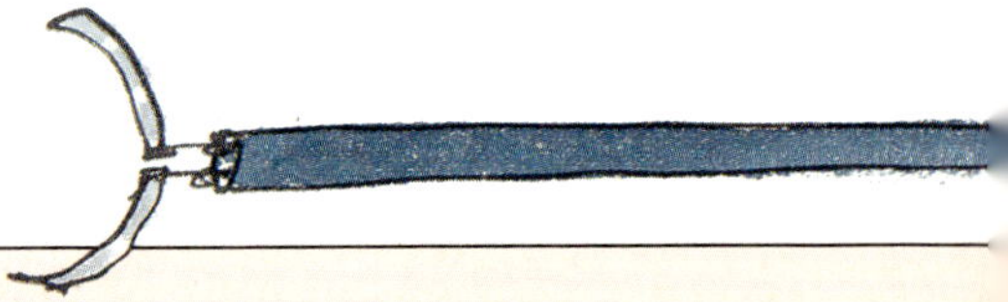

d'abord, il fabriqua deux mâchoires, ou doigts de métal, et les disposa à l'extrémité d'un long tube métallique. Il fit coulisser deux solides fils de fer à l'intérieur du tube et les relia à la mâchoire de métal, de telle sorte que, lorsqu'on les tirait, la mâchoire se refermait et, quand on les poussait, elle s'ouvrait. Les fils étaient reliés à une poignée à l'autre bout du tube. C'était un appareil d'une grande simplicité.

M. Hoppy était prêt à entrer en action.

Mme Silver travaillait à mi-temps, de midi à cinq heures, dans une boutique qui vendait des journaux et des bonbons. L'entreprise de M. Hoppy en était grandement facilitée. Donc, en ce premier et palpitant après-midi, après s'être assuré que Mme Silver était partie à son travail, M. Hoppy sortit sur son balcon, armé de sa longue tringle de métal. Il l'avait baptisée "attrape-tortue". Penché par-dessus la balustrade, il abaissa son instrument vers le balcon de Mme Silver. Sous un pâle soleil, Alfred, dans un coin, semblait somnoler.

– Salut, Alfred, dit M. Hoppy. Tu vas faire une petite voltige.

Il fit osciller son attrape-tortue jusqu'à ce que l'instrument se trouvât à l'aplomb d'Alfred. Puis il abaissa les mâchoires juste au-dessus de la carapace de la tortue et tira la poignée du levier. Lcs mâchoires se refermèrent et M. Hoppy hissa Alfred jusqu'à son balcon. Un jeu d'enfant.

M. Hoppy pesa Alfred sur sa balance de cuisine pour s'assurer que le poids de trois cent vingt-cinq grammes annoncé par Mme Silver était exact.

Ce détail vérifié, tenant Alfred d'une main, il se déplaça avec précaution parmi son troupeau de tortues à la recherche d'un spécimen doté d'une carapace de la même teinte que celle d'Alfred et, en outre, pesant *exactement cinquante grammes de plus.*

Cinquante grammes, c'est bien peu de chose, pas même le poids d'un œuf de poule, mais dites-vous bien que, selon le plan élaboré par M. Hoppy, la différence de poids devait, pour le moment, échapper à Mme Silver.

M. Hoppy dénicha aisément, dans sa vaste collection, la tortue adéquate. Il la voulait pesant trois cent soixante-quinze grammes sur sa balance, ni plus, ni moins. Quand il la posa sur la table de la cuisine à côté d'Alfred, lui-même aurait eu peine à dire laquelle des deux était la plus lourde. Mais elle *l'était* bel et bien. Plus lourde de cinquante grammes. C'était la tortue numéro 2.

M. Hoppy emporta la tortue numéro 2 sur son balcon et la plaça dans les mâchoires de son attrape-tortue. Puis il la déposa en douceur sur le balcon de Mme Silver à côté d'une feuille de laitue fraîche.

La tortue numéro 2 n'avait jamais mangé de laitue tendre et croquante. Elle qui ne connaissait que les vieilles feuilles de chou racornies trouva très à son goût la salade verte qu'elle se mit à dévorer allégrement.

Deux heures d'attente fébrile s'ensuivirent pour M. Hoppy. Mme Silver allait-elle détecter une différence quelconque entre la nouvelle tortue et Alfred ? Que d'émotions en perspective !

Mme Silver surgit sur son balcon :

– Alfred, mon chéri ! s'écria-t-elle. Maman est rentrée. Je t'ai manqué, j'espère !

Caché derrière deux énormes plantes en pot, M. Hoppy, sur son balcon, retenait sa respiration.

La nouvelle tortue continuait à mastiquer la laitue.

– Eh bien ! Alfred, tu m'as l'air d'avoir faim, aujourd'hui, dit Mme Silver. Ça doit être l'effet des formules magiques de M. Hoppy.

M. Hoppy vit Mme Silver ramasser la tortue et caresser sa carapace. Puis elle tira le papier de M. Hoppy de sa poche et, tenant la tortue contre son visage, chuchota :

EUTROT, EUTROT
SISSORG ED SULP NE SULP !
EUTROT, EUTROT
SIDNARG, ELFNOG, ELFNE !
ELAVA, SITUOLGNE, ERFFUOGNE !
IOT-ERFFIPME TE IOT-ERFNIOG
SNEIVED ESSORG TE ESSARG !
EUTROT ! EUTROT !

M. Hoppy tendit le cou parmi les feuilles et lança :

– Bonsoir, madame Silver. Comment va Alfred, ce soir ?

– Oh ! il est très en forme, répondit Mme Silver avec un large sourire. Et il a l'air d'avoir un tel appétit ! Jamais je ne l'ai vu manger comme ça. C'est sûrement votre poème magique.

– On ne sait jamais, dit M. Hoppy d'une voix profonde. On ne sait jamais.

M. Hoppy attendit une semaine entière avant de procéder à la deuxième opération.

L'après-midi du septième jour, pendant que Mme Silver était à son travail, il récupéra la tortue numéro 2 sur le balcon du dessous et la rentra dans son salon. Elle pesait exactement trois cent soixante-quinze grammes. Il lui fallait maintenant en trouver une de quatre cent vingt-cinq grammes. Cinquante grammes de plus, exactement.

Dans son impressionnante collection, il découvrit sans mal une tortue de quatre cent vingt-cinq grammes et, une fois de plus, s'assura de l'identité des couleurs. Puis il laissa descendre la tortue numéro 3 sur le balcon de Mme Silver.

Comme vous l'avez deviné, le secret de M. Hoppy était très simple. Si une créature grossit assez lentement, je veux dire très, très lentement, alors jamais vous ne vous en apercevrez, surtout si vous la voyez tous les jours. Il en va de même avec les enfants. Ils grandissent chaque semaine, mais leurs mères ne s'en rendent compte que lorsqu'ils ne peuvent plus passer leurs vêtements.

"Doucement, se dit M. Hoppy. Surtout, ne précipitons rien ."

Voici donc comment la situation évolua au cours des huit semaines suivantes :

Au début :

Alfred pesait 325 grammes.

A la fin de la première semaine :

la tortue n° 2 pesait 375 grammes.

A la fin de la deuxième semaine :

la tortue n° 3 pesait 425 grammes.

A la fin de la troisième semaine :

la tortue n° 4 pesait 475 grammes.

A la fin de la quatrième semaine :

la tortue n° 5 pesait 525 grammes.

A la fin de la cinquième semaine :

la tortue n° 6 pesait 575 grammes.

A la fin de la sixième semaine :

la tortue n° 7 pesait 625 grammes.

A la fin de la septième semaine :

la tortue n° 8 pesait 675 grammes.

Le poids d'Alfred était de trois cent vingt-cinq grammes. Celui de la tortue numéro 8, six cent soixante-quinze grammes. Très lentement, en plus de sept semaines, la tortue chérie de Mme Silver avait doublé de taille et la chère dame n'avait rien remarqué.

Même aux yeux de M. Hoppy, qui contemplait la scène par-dessus la balustrade, la tortue numéro 8 paraissait plus imposante. Il était stupéfiant que Mme Silver ne se fût aperçue de rien, tout le temps qu'avait duré la grande opération. Une seule fois, elle avait levé la tête et déclaré :

– Vous savez, monsieur Hoppy, je crois qu'Alfred grossit. Qu'en pensez-vous ?

– Je ne vois guère de différence, je vous l'avoue, avait répondu M. Hoppy d'un ton détaché.

Mais, à présent, peut-être était-il temps de marquer un temps d'arrêt et, ce soir-là, M. Hoppy était sur le point de sortir pour suggérer à Mme Silver de peser Alfred quand un grand cri d'étonnement le fit jaillir hors de chez lui.

– Regardez ! s'exclama Mme Silver. Alfred est trop gros pour franchir la porte de sa petite maison. Il a dû grandir énormément !

– Pesez-le, lui dit M. Hoppy d'un ton impératif. Allez le peser immédiatement.

Mme Silver ne se fit pas répéter le conseil et, une demi-minute plus tard, elle revenait, brandissant à deux mains la tortue au-dessus de sa tête :

– Devinez, monsieur Hoppy ! Devinez. Il pèse six cent soixante-quinze grammes. Il a pratiquement doublé ! Oh, mon chéri, s'exclama-t-elle en caressant Alfred. Oh ! ma petite merveille ! Rends-toi compte de ce que le génial M. Hoppy a fait pour toi !

M. Hoppy se sentit soudain très brave :

– Madame Silver, dit-il, croyez-vous que je puisse descendre sur votre balcon et soupeser moi-même Alfred ?

– Mais bien sûr, voyons ! s'exclama Mme Silver. Venez tout de suite !

M. Hoppy dévala les marches quatre à quatre et Mme Silver vint lui ouvrir la porte. Ensemble, ils gagnèrent le balcon :

– Regardez-le ! dit fièrement Mme Silver. N'est-il pas magnifique ?

– Alfred est devenu une tortue de belle taille, commenta M. Hoppy.

– Et grâce à vous ! s'écria Mme Silver. Vous êtes un magicien ! Mais que vais-je faire pour sa maison ? demanda-t-elle. Il faut qu'il ait un toit pour l'abriter la nuit, et voilà qu'il ne passe plus la porte !

Côte à côte sur le balcon, ils contemplaient la tortue qui s'efforçait, en vain, de rentrer chez elle.

– Il faut que j'agrandisse la porte, dit Mme Silver.

– Ne faites pas ça, dit M. Hoppy. Vous n'allez pas abîmer une aussi jolie petite maison. Après tout, il lui suffirait de perdre un ou deux pouces de sa taille pour y entrer sans difficulté.

– Mais comment ? s'étonna Mme Silver.

– C'est très simple, dit M. Hoppy. Il suffit de changer les paroles magiques. Au lieu de lui

dire de grossir, il faut lui dire de rapetisser. Mais en langue tortue, bien sûr.

– Et ça marchera ?

– Bien sûr que ça marchera !

– Expliquez-moi exactement ce que je dois dire, monsieur Hoppy.

M. Hoppy sortit de sa poche un bout de papier et un crayon et écrivit :

EUTROT, EUTROT
ESSITEPAR, UEP NU ESSITEPAR

– Voilà qui fera l'affaire, madame Silver, dit-il en lui tendant le papier.

– Je ne demande qu'à essayer, dit Mme Silver. Mais je ne voudrais pas qu'il redevienne riquiqui comme avant.

– Pas de danger, chère voisine, pas de danger, la rassura M. Hoppy. Essayez seulement ce soir et demain matin, et on verra ce qui se passe. Peut-être aurons-nous de la chance.

– Si ça marche, dit Mme Silver en lui posant avec douceur une main sur le bras, je vous tiendrai pour l'homme le plus prodigieux de la terre.

L'après-midi suivant, dès que Mme Silver fut sortie, M. Hoppy s'empressa de pêcher la tortue sur le balcon du dessous et la porta dans son salon. Il ne lui restait plus qu'à en trouver une dont la corpulence, un peu plus réduite, lui permît de franchir le seuil de la maison miniature.

Après avoir fait son choix, il laissa descendre l'animal au bout de son attrape-tortue. Puis, sans le lâcher, il le présenta devant la porte de la petite maison. La tortue était encore trop large. Il en choisit une seconde qui, celle-là, passait sans peine le seuil. Parfait. Il posa la tortue à côté d'une jolie feuille de laitue et rentra chez lui pour attendre le retour de Mme Silver.

Ce soir-là, M. Hoppy arrosait ses plantes sur le balcon quand il entendit soudain, montant de l'étage inférieur, les cris aigus de Mme Silver.

– Monsieur Hoppy ! Monsieur Hoppy ! s'égosillait-elle. Regardez-moi ça !

M. Hoppy pencha la tête par-dessus la balustrade et demanda :

– Que se passe-t-il ?

– Oh ! monsieur Hoppy, ça a marché ! s'exclama-t-elle. Votre formule magique est d'une efficacité merveilleuse ! Alfred arrive maintenant à entrer dans sa petite maison. C'est un miracle !

– Je peux descendre voir ? demanda M. Hoppy.

– Mais bien sûr, venez tout de suite, mon très cher ami ! répondit Mme Silver. Venez voir le prodige que vous avez accompli !

M. Hoppy pivota sur ses talons, se précipita dans son salon qu'il traversa sur les pointes comme un danseur de ballet, au milieu de sa mer de tortues, s'élança sur le palier et vola littéralement dans l'escalier, les chants d'amour de mille chérubins lui résonnant aux oreilles. *Ça y est !* souffla-t-il. *Voilà le plus grand moment de ma vie ! Surtout, ne le gâchons pas, ne le gâchons pas ! Il faut que je reste très calme !* Parvenu à mi-étage, il aperçut Mme Silver sur le seuil de son appartement. Elle l'attendait ! Elle lui ouvrit les bras et s'écria :

– Vous êtes vraiment l'homme le plus merveilleux que je connaisse ! Rien ne vous est impossible ! Entrez vite que je vous fasse une bonne tasse de thé. C'est bien le moins que vous méritiez !

Installé dans un fauteuil confortable dans le salon de Mme Silver, buvant son thé à petites gorgées, M. Hoppy était dans tous ses états. Il regarda l'aimable dame assise en face de lui et lui adressa un sourire rayonnant. Elle lui rendit son sourire. Et ce sourire si chaleureux, si affectueux donna à M. Hoppy le courage qui lui manquait... Il posa enfin la question qui lui tenait si fort à cœur :

– Madame Silver, voulez-vous m'épouser ?

– Oh ! monsieur Hoppy ! s'exclama-t-elle. Je me demandais si jamais vous vous décideriez. Bien sûr que je veux vous épouser !

M. Hoppy posa précipitamment sa tasse de thé et tous deux s'étreignirent avec ferveur au milieu de la pièce.

– Et tout ça grâce à Alfred, dit Mme Silver, légèrement essoufflée.

– Cher vieil Alfred, dit M. Hoppy, nous le garderons toujours.

L'après-midi suivant, M. Hoppy rapporta toutes ses autres tortues aux diverses boutiques d'animaux en annonçant aux propriétaires qu'il les leur laissait gratis. Puis, rentré chez lui, il

nettoya avec soin son salon, veillant à n'y laisser ni débris de feuilles de chou, ni la moindre trace de tortue.

Quelques semaines plus tard, Mme Silver devenait Mme Hoppy et, depuis lors, nos deux amoureux connurent un bonheur sans nuage.

P. S. Je suppose que vous vous demandez ce qui est arrivé au petit Alfred, le premier de toute cette série de tortues. Eh bien, Alfred fut acheté une semaine plus tard dans l'une des boutiques d'animaux par une petite fille appelée Roberta Squibb qui l'installa dans son jardin. Tous les jours, Roberta lui donnait à manger des feuilles de laitue, des rondelles de tomate, des branches de céleri et, l'hiver, la tortue hibernait dans une boîte remplie de feuilles séchées au fond de la resserre à outils.

Toute cette histoire se passait il y a bien longtemps. Roberta a grandi, elle est maintenant mariée et mère de deux enfants. Elle vit dans une autre maison, mais Alfred est toujours là, le chouchou de toute la famille,

et Roberta pense qu'il doit avoir près de trente ans. Il lui a fallu tout ce temps pour atteindre une taille double de celle qu'il avait sur le balcon de Mme Silver, mais il a fini par y arriver.

FIN

Autoportrait de **Roald Dahl** :
Anniversaire : 13 septembre - *Yeux* : bleu-gris
Cheveux : grisonnants
Vertu : jamais satisfait de ce que je fais
Mes préférences. *Couleur* : jaune
Instrument : le piano - *Musicien* : Beethoven
Personnalités : ma femme et mes enfants
Odeur : celle du bacon qui rissole dans la poêle
Si je n'étais pas écrivain, je serais médecin.

Quentin Blake a commencé à dessiner vers l'âge de cinq ou six ans. Même enfant, il aimait visiter galeries d'art et musées. Il n'avait que seize ans quand sa première illustration parut dans le célèbre magazine humoristique *Punch*. Son premier livre fut publié en 1960. Depuis, il en a illustré plus de cent, soit écrits par lui, soit par d'autres auteurs – ce qu'il aime beaucoup, dit-il, c'est un peu comme faire un voyage dans leur imagination.

Si sa modestie ne nous en empêchait, nous devrions l'appeler professeur Blake, car il est professeur honoraire du Royal College of Art, dont il a dirigé le département Illustration. Il a même été décoré par la reine d'Angleterre.

Un amour de tortue

Supplément illustré

Test

Es-tu timide ? Pour le savoir, choisis pour chaque question la solution que tu préfères. *(Réponses page 78)*

1 Ce matin tu es en retard à l'école :

● tant pis cela n'arrive pas souvent

▲ tu préfères rentrer à la maison

■ tu prépares ton excuse

2 Ce soir tes parents ont invité des amis à dîner :

▲ tu demandes la permission de rester dans ta chambre

● tu insistes pour dîner avec eux

■ tu te proposes pour passer les biscuits apéritif

3 Tes camarades de classe t'ont élu "meilleur copain" :

■ très ému, tu les remercies rapidement

● très fier, tu fais un discours pour les remercier

▲ rouge de confusion, tu aimerais rentrer sous terre

4 Au restaurant tu casses un verre :

▲ tu essaies de cacher les morceaux

■ tu t'excuses auprès du serveur

● tu demandes un autre verre

5 La maîtresse a donné un bonbon à chacun. Sauf à toi :

● tu te précipites pour réclamer

▲ tu n'oses rien dire

■ tu fais une telle tête qu'elle le remarque

6 Une amie t'offre un livre que tu as déjà lu :

■ tu fais tout pour qu'elle voie que tu l'as déjà

▲ tu caches ton exemplaire

● tu lui demandes si tu peux le changer

7 Vous êtes quatre. Il y a trois gâteaux sur la table :

● il y en a forcément un pour toi

■ tu proposes de partager

▲ tu décides que tu n'en veux pas

8 Tu t'es perdu dans la ville :

■ tu cherches un agent de police pour te renseigner

● tu demandes ton chemin au premier passant

▲ tu préfères continuer à chercher seul

9 Dans la rue tu croises une amie de tes parents :

▲ tu fais comme si tu ne l'avais pas vue

■ tu te demandes si elle va te reconnaître

● tu te précipites pour lui dire bonjour

10 Tu rougis lorsque :

● il fait chaud

▲ tu n'es pas à l'aise

■ tu te sens coupable

Informations

Tortue, tortue, qui es-tu ?

Depuis son apparition sur la terre, il y a 180 millions d'années, la tortue n'a pas beaucoup changé. Autrefois les tortues étaient une race très répandue, nous sommes maintenant en voie de disparition dans la plupart des régions du monde.

A quoi ressembles-tu ?

Je fais partie de la famille des reptiles, j'ai le sang froid. Mon corps est en partie recouvert, dessus et dessous, d'une carapace ou bouclier qui me protège des autres animaux. Je ponds mes œufs sur la terre ferme dans des trous que je creuse avec mes pattes.

Mes bébés tortues, qui sortent parfaitement formés au bout de quelques semaines, sont fragiles et sont, malheureusement, souvent mangés par d'autres animaux. Je suis le seul reptile à avoir un bec corné. Il existe des tortues terrestres, des tortues d'eau douce et des tortues marines.

■ Tortue terrestre, que fais-tu ?

Je suis la tortue d'Hermann, du nom de celui qui m'a découverte. J'habite en Europe, dans les régions chaudes. Je vis dans les buissons, dans les taillis, sous lesquels je m'abrite, et je ne dédaigne pas me baigner. Ma tête et mes pattes sont rétractiles : grâce à la peau de mon cou, qui est plus large, je peux les rentrer dès que j'ai peur. J'ai des griffes au bout des pattes, 5 à l'avant, 4 à l'arrière. Je vis plus de cinquante ans, mais certaines de mes congénères atteignent cent ans. Pour connaître mon âge : il suffit de compter les stries sur mes écailles, chacune correspond à une année. Il ne faut pas compter me voir en hiver : j'hiberne ! Brr ! Après, il me faut plusieurs jours au soleil pour que la chaleur de mon corps retrouve les 28 degrés centigrades qui lui sont habituels. Je mange de tout, mais le seul régime qui me réussisse est le végétarien. Je ne peux pas vous dire combien j'ai eu d'enfants car je ne m'en occupe jamais une fois que j'ai pondu mes œufs. Mon corps est trop froid, je ne pourrais pas les couver ! Le soleil s'en charge ! Mais ma famille doit être nombreuse : imaginez, je ponds plusieurs fois par an de 2 à 5 œufs ! A mon âge, je suis sûrement arrière-grand-mère !

Chélonien

Je ne suis pas la seule race de tortue à vivre sur terre ! Je sais qu'il existe très loin, dans les îles Galapagos, des tortues géantes. Les plus grosses pèsent 250 kilos et mesurent près de 2 mètres. Malheureusement, il en reste peu car on les a beaucoup chassées pour leur chair. Ma vie serait plus tranquille s'il n'y avait pas les hommes ! Ils mettent le feu aux forêts, ils augmentent la surface de leurs champs, ils nous ramassent pour nous mettre chez eux. Bientôt, je le sais, nous aurons disparu.

Tortue à écaille

■ Tortue marine, où vas-tu ?

Je suis la tortue verte et je vis dans les mers chaudes où je trouve ma nourriture : algues et plancton. Je me méfie des hommes, car cela fait des siècles qu'ils me pourchassent. Ils aiment ma chair dont ils font des soupes, et mes écailles pour faire des peignes et des brosses. Je suis grande (1,40 mètre), mais une de mes cousines, la tortue luth, peut peser jusqu'à 860 kilos et mesurer plus de 2 mètres. Elle peut descendre jusqu'à 500 mètres de profondeur. Je ne suis pas comme la tortue qui vit sur la terre, j'ai des nageoires à la place des pattes, celles situées à l'avant sont comme des ailerons aplatis, elles me servent d'avirons et celles à l'arrière de gouvernail. Je respire à l'air libre, mais je peux rester plusieurs heures sous l'eau sans remonter reprendre ma respiration. Tous les deux ou trois ans, je parcours jusqu'à 2 000 kilomètres pour retrouver les plages désertes où je ponds régulièrement mes œufs. Les savants n'ont toujours pas compris comment je faisais pour me repérer sur d'aussi grandes distances. Une fois arrivée, je commence par ramper pour m'éloigner le plus possible de l'eau. Avec mes nageoires, ce n'est pas aisé ! Puis je creuse deux trous : l'un où je m'enfouis, l'autre où je dépose une centaine d'œufs, semblables à des balles de ping-pong. Cela prend plusieurs heures et l'effort me fait pleurer. Je recouvre le nid de sable et je dissimule tant bien que mal l'endroit. Quarante millions d'œufs sont pondus par les tortues de mer chaque année : seuls quelques centaines de nos enfants atteignent l'âge adulte.

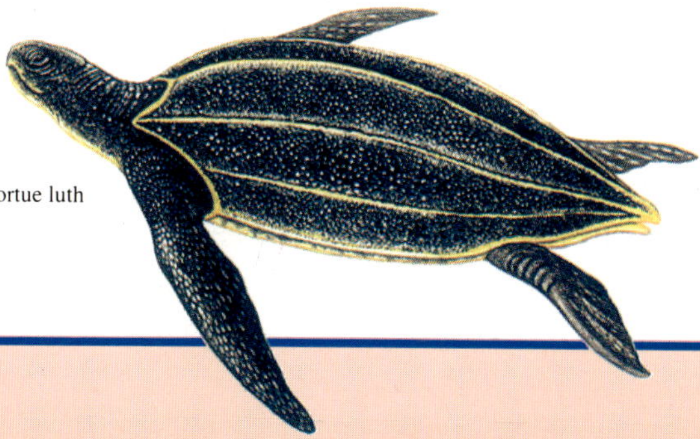

Tortue luth

■ Tortue d'eau douce, qu'entends-tu ?

Je suis la cistude d'Europe. Je vis dans les étangs, les rivières tranquilles, car moi, j'aime le calme ! J'ai l'ouïe très développée et au moindre bruit, plouf ! je plonge ! Ce que j'aime par-dessus tout, c'est me dorer sur une pierre au soleil. Ou encore faire un bon repas de carnivore : insectes, poissons et même bébés oiseaux tombés du nid. Ma carapace est foncée, je ne suis pas très grande (20 à 25 centimètres). Mes petits, quand ils naissent, ouvrent leur œuf avec une dent, la dent de l'œuf, qui tombe ensuite. Ma vie est en danger, car les hommes construisent des barrages sur les rivières, et ils assèchent nos marais.

Illustrations Gaëtan du Chatenet, *Le livre des amphibiens et des reptiles*. Découverte cadet

Cistude d'Europe

Jeux

■ L'amour, toujours ❤ ❤ ❤

M. Hoppy a écrit à Mme Silver une lettre qu'il n'a jamais eu le courage de lui envoyer. Tu pourras la déchiffrer si tu te souviens bien du langage des tortues, mais en plus il a remplacé une lettre par un ❤. *(Réponses page 78)*

ERIRU❤S ERT❤V

RISIALP NU TSE

,SRU❤J SEL SU❤T , IUQ

,RU❤MA N❤M

RI❤PSE'L ENN❤D EM

RI❤VU❤P ED

RU❤J NU RILPMER

RUE❤C N❤M

RUEHN❤B DNARG NU'D

■ Course pour une salade

Deux tortues, amies d'Alfred, Rosalie et Pétula, font la course pour manger une bonne salade. Attention ! Elles ne peuvent avancer que si tu réponds bien aux questions qu'elles te posent. Réponds à la première question de Rosalie. Si ta réponse est juste : Rosalie avance d'une case. Si ta réponse est fausse : elle ne bouge pas et tu passes à la question de Pétula. Pour jouer à deux, chacun choisit sa tortue et... que le meilleur gagne !

(Réponses page 79)

■ Questions de Rosalie :

1. Pourquoi M. Hoppy ne déclare-t-il pas son amour à Mme Silver ? **2.** Quel était le métier de M. Hoppy ? **3.** Comment M. Hoppy a-t-il baptisé son instrument ? **4.** Combien de temps se passe-t-il entre l'échange de deux tortues ? **5.** Pourquoi Mme Silver veut-elle que sa tortue rapetisse ?

5	5
4	4
3	3
2	2
1	1
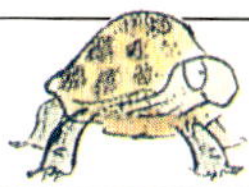	

■ Questions de Pétula :

1. Combien de tortues M. Hoppy a-t-il achetées ?
2. Quel est le métier de Mme Silver ? **3.** Quelle est la différence de poids entre Alfred et la tortue n° 2 ?
4. Qu'ose faire M. Hoppy à la fin de l'histoire ?
5. Qu'advient-il d'Alfred finalement ?

Les animaux entre eux

Tous les animaux n'ont pas la même durée de vie. Voici un tableau qui te donne quelques exemples approximatifs. Fais correspondre à chacune des cases la lettre de l'animal qui convient. Tu verras apparaître alors le nom d'un héros de l'histoire.

(Réponse page 79)

100 ans	**80 ans**	**48 ans**	**20 ans**	**15 ans**	**2 ans**

Hibou
F

Ane
R

Tortue
A

Chien
E

Souris
D

Éléphant
L

■ Qui est l'intrus ?

Tous ces animaux ont un point commun excepté l'un d'entre eux. Retrouve-le. *(Réponse page 79)*

1. Chat

2. Perroquet

3. Poule

4. Canard

5. Tortue

6. Grenouille

La tortue et ses amis dormeurs

Certains animaux comme la tortue dorment pendant tout l'hiver. On dit qu'ils hibernent. Aide-toi des définitions pour retrouver leur nom et inscris-le dans la grille. La tortue se sentira moins seule !

1. Elle coasse.
2. Grande dormeuse, elle vit dans les montagnes.
3. Venimeux, sa piqûre est dangereuse.
4. Blanc ou brun, il est impressionnant.
5. Rapide comme l'éclair, attrape-le si tu peux !
6. Agile grimpeur, il aime faire des réserves.

(Réponses page 79)

■ Tortues croisées

1. A l'envers ou à l'endroit la tortue se cache quatre fois dans la grille. Sauras-tu la retrouver ?

T O R E U T
T O R U T O
T O R T U R
E U T R O T
T O R O T U
T O R T U E

2. En partant du mot tortue, forme d'autres mots avec ses lettres, grâce aux définitions suivantes :

T	O	R	T	U	E
					1
				2	
			3		
		4			
R					

1. On y trouve souvent des voitures.
2. Une grande invention qui tourne.
3. On y marche dans les villes.
4. Note de musique.

(Réponses page 79)

Réponses

pages 64 et 65

Compte les ▲, les ● et les ■ que tu as obtenus.
- Si tu as plus de ▲, "Je n'ose pas". Voilà une phrase que tu dois souvent prononcer. Tu n'aimes pas te faire remarquer et tu dois te forcer pour prendre la parole. Ne t'inquiète pas, la timidité n'est pas un défaut, c'est seulement un handicap que tu domineras sûrement !
- Si tu as plus de ●, tu es l'opposé d'un timide ! Tu es sûr de toi et personne ne te fait peur ! Attention cependant à rester discret et à ne pas toujours parler à la place des autres !
- Si tu as plus de ■, tu n'aimes pas vraiment te mettre en avant, mais tu sais toujours trouver les moyens de faire ce qu'il convient sans paraître impoli. Tu es ce que l'on appelle un enfant réservé.

page 71

L'amour, toujours ❤ ❤ ❤ :
Votre sourire est un plaisir
qui, tous les jours, mon amour,
me donne l'espoir de pouvoir
remplir un jour mon cœur
d'un grand bonheur.

pages 72 et 73

Course pour une salade : **1.** *Car il est timide -* **2.** *Mécanicien dans un garage d'autobus -* **3.** *L'attrape-tortue -* **4.** *Une semaine -* **5.** *Afin qu'elle puisse rentrer à nouveau dans sa maison.*

1. Cent quarante - 2. Elle travaille dans une boutique de journaux et de bonbons - 3. 50 grammes - 4. Demander Mme Silver en mariage - 5. Une petite fille l'achète.

page 74

Les animaux entre eux : *si tu as bien répondu, le nom* ALFRED *apparaît.*

page 75

Qui est l'intrus ? *C'est le chat, car il est le seul à ne pas pondre d'œuf !*

page 76

La tortue et ses amis dormeurs : **1.** *Grenouille -* **2.** *Marmotte -* **3.** *Serpent -* **4.** *Ours -* **5.** *Lézard -* **6.** *Écureuil.*

page 77

Tortues croisées :

T O R E U T
T O R U T O
T O R T U R
~~E U T R O T~~
T O R O T U
~~T O R T U E~~

T	O	R	T	U	E
R	O	U	T	E	
R	O	U	E		
R	U	E			
R	E				
R					

collection folio cadet

série bleue

Qui a volé les tartes ? Ahlberg
La petite fille aux allumettes, Andersen/Lemoine
Les boîtes de peinture, Aymé/Sabatier
Le chien, Aymé/Sabatier
Le mauvais jars, Aymé/Sabatier
La patte du chat, Aymé/Sabatier
Le problème, Aymé/Sabatier

Les vaches, Aymé/Sabatier
La Belle et la Bête, de Beaumont/Glasauer
Faites des mères ! Besson
Clément aplati, Brown/Ross
Le doigt magique, Dahl/Galeron
Il était une fois deux oursons, Johansen/Bhend
Marie-Martin, Mebs/Berner
Mystère, Murail/Bloch
Dictionnaire... Pef
Le livre des nattes, Pef
L'ivre de français, Pef
Les belles lisses poires de France, Pef
Contes pour enfants pas sages, Prévert/Henriquez
Les inséparables, Ross/Hafner
Du commerce de la souris, Serres/Lapointe
Le petit humain, Serres/Tonnac

série rouge

Le cheval en pantalon, Ahlberg
Histoire d'un souricureuil, Allan/Blake
Le rossignol de l'empereur..., Andersen/Lemoine
Grabuge et..., de Brissac/Lapointe
Petits contes nègres pour les enfants des blancs, Cendrars/Duhème
Fantastique Maître Renard, Dahl/Ross
Louis Braille, Davidson/Dahan
Thomas et l'infini, Déon/Delessert

Aristide, Friedman/Blake
L'anneau magique de Lavinia, Pitzorno/Bussolati
Rose Blanche, Gallaz/Innocenti
Le poney dans la neige, Gardam/Geldart
L'homme qui plantait..., Giono/Glasauer
Les sorcières, Hawkins
Voyage au pays des arbres, Le Clézio/Galeron
L'enlèvement de la bibliothécaire, Mahy/Blake
Amandine Malabul, Murphy
Amandine Malabul aggrave son cas, Murphy
Pierrot ou les secrets..., Tournier/Bour
Barbedor, Tournier/Lemoine
Comment Wang-Fô fut sauvé, Yourcenar/Lemoine